**Traudel Hartel**

# Schleifen binden für Geschenke

*CREATIV COMPACT*

CHRISTOPHORUS

# Inhalt

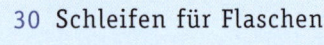

# Schöne Schleifen

Es ist eine gute Tradition, Geschenke besonders schön zu verpacken, sie zu schmücken und zu verzieren. Schleifen sind dafür ein unentbehrliches Zubehör. Schleifen können in vielen Variationen gebunden werden, von der einfachen Flügelschleife bis hin zur üppigen Rosette. Ausgangsmaterial für Schleifen sind Bänder aus Seide, Baumwolle, Satin oder Kunstfasern, die es bedruckt, vergoldet oder unifarben in großer Auswahl gibt. Aktuell finden Schleifen aus handgeschöpften Papieren, Sisal, Bast und anderen Naturmaterialien auch großen Anklang.

Das Geheimnis einer gelungenen Geschenk-Verpackung liegt darin, das Geschenkpapier und die Schleifen farblich harmonisch in Einklang zu bringen. Ich stelle Ihnen in diesem Buch Schleifen-Ideen für viele Anlässe wie zum Beispiel Geburt, Hochzeit oder Geburtstag vor. Auch Flaschenverpackungen oder Blumensträuße sehen mit Schleifen einfach wunderschön aus. Lassen Sie sich von den Ideen anstecken und fügen Sie weitere hinzu.

Viel Freude beim Anfertigen der
Schleifen und Dekorieren der Geschenke!

Ihre

*Traudel Hastel*

# Kleine Bänderkunde

Die Auswahl an Bändern, aus denen Schleifen angefertigt werden können, ist sehr groß. Schleifenbänder gibt es in vielen unterschiedlichen Strukturen, Farben, Mustern und Stoffqualitäten.

**Bänder mit Drahtkante:** Die meisten Schleifenbänder gibt es mit drahtverstärkten Kanten. Dies hält die Schleife gut in Form. Zum Gestalten von Rosetten ist gedrahtetes Band ebenfalls gut geeignet. Der Draht lässt sich allerdings auch leicht entfernen, das Band kann dann als einfaches Band verarbeitet werden.

**Satinbänder** sind ein- oder doppelseitig glänzende Bänder mit Webkante, es gibt sie in vielen unterschiedlichen Breiten von 3 mm bis 15 cm.

**Taftbänder** sind im Gegensatz zu Satinbändern matt, es gibt sie einfarbig, im klassischen Karo, gemustert oder gestreift. Sie sind auch mit drahtverstärkten Kanten erhältlich.

**Transparente Bänder** sind aus Organza, Tüll oder Georgettematerial hergestellt, die Webkanten sind meist mit einer Drahteinlage verstärkt, um dem Band mehr Stabilität zu verleihen.

**Samtbänder** sind ein klassisches Material, das durch den plüschigen Flor gekennzeichnet ist. Der Flor ist allerdings sehr empfindlich und kann durch wiederholtes Binden leicht beschädigt werden.

**Allwetter- oder Folienbänder** sind aus Kunstfasern hergestellt, wasserfest und frostsicher, sie eignen sich besonders zum Dekorieren für den Außenbereich.

**Juteband** ist ein grobmaschiges Gewebe aus Jutefäden, es ist in verschiedenen Breiten und Farben erhältlich und eignet sich gut für rustikale Dekorationen.

**Bänder aus gekreppter Strohseide** lassen sich durch Aufrollen oder durch Auseinanderziehen leicht zu schönen Schleifen und Blumen verarbeiten.

**Papierkordeln** sind gedrehte Papierbänder, die sich an den Endstücken oder auch mittig aufdrehen lassen und sich somit gut zum Verzieren eignen.

**Bast-, Hanf- und Sisalkordeln** sind gedrehte Schnüre oder Fäden aus Naturmaterialien, sie ergänzen sehr gut Verpackungen mit natürlichem Aussehen.

# „Schnelle Verpackung"

1

Die Technik der „schnellen Verpackung" ist besonders für flache Gegenstände wie Bücher, CD´s oder Pralinenschachteln geeignet.

**1** Das Packstück auf ein festes Papier legen, z. B. Naturpapier oder doppelt gefaltet dünnes Papier. Das Geschenkpapier muss so groß sein, dass die Längsseiten überlappen und die Querseite etwas übersteht.

2

**2** Die Längsseiten des Papiers zuerst einschlagen und dann die Querseite über das Packstück falten.

**3** Mit einem spitzen Gegenstand (Schere oder Stopfnadel) am oberen Papierrand zwei Löcher bohren, ein Holzstäbchen (Bambusstab, Stöckchen oder Holzspieß) durchstecken und damit die Verpackung verschließen.

## Hinweis

*Die Maßangaben bei den folgenden Arbeitsfotos beziehen sich auf die Schleifen, so wie sie im Bild zu sehen sind. Je nach Größe der gewünschten Schleifen variieren natürlich auch die Maße.*

3

# Natürlich schön

## Material

### Topfpflanze
- Strohseide in Hellgelb
- Satinband in Weiß, 3 mm breit
- Satinband in Dunkelrot, 6 mm breit
- Papierkordel in Dunkelrot
- Dünner Draht

### Grünes Päckchen
- Anthuriumblätter
- Blattstiele
- Bastfäden in Natur

### Kränzchen
- Glasperlenkranz
- Satinband in Weiß, 3 mm breit
- Satinband in Dunkelrot, 6 mm breit
- Dünner Draht

Für die **Topfpflanze** einen Bogen Strohseide je nach Topfgröße zuschneiden und der Länge nach falten, die Öffnung zeigt nach unten. Den zugeschnittenen Papierstreifen raffen, als Manschette um den Topf legen, mit einer Papierkordel umwickeln und verknoten. Einfach gebundene Satinschleifen (Anleitung unten) und eine Papierkordel mit Blumendraht umwickeln und in den Blumentopf stecken.

Für die **Blätterverpackung** das Packstück in frische Blätter einschlagen, mit langen Bastfäden verschließen und eine üppige Bastschleife binden. Die Blattstiele als Verzierung anbringen.

Für das **Kränzchen** kleine Schleifen aus Satinbändern binden, diese in der Mitte mit Blumendraht umwickeln und auf das Kränzchen setzen.

## Einfach gebundene Schleife

**1** Einen Teil des Schleifenbandes, 60 – 80 cm lang, zu einer Schlaufe legen und festhalten.

**2** Das übrige Schleifenband von vorne nach hinten um die Schlinge legen.

**3** Das Band nun von hinten durch das gelegte Band schieben, sodass sich zwei Schlaufen ergeben. Die beiden Schlaufen festziehen.

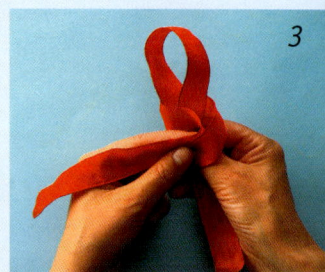

# Papierschleifen im Trend

## Material

- Handgeschöpftes Papier in Orange, Dunkelrot
- Strohseidenband, gekreppt, in Weiß, Orange, 10 cm breit
- Papierkordel in Orange, Dunkelrot
- Getrocknete Orangenscheiben
- 2 Holzstäbchen
- Heißkleber

**1** Die Geschenke mit handgeschöpftem Papier in Orange und Bordeauxrot nach der „schnellen Verpackung" einwickeln (Anleitung Seite 5).

**2** Aus Papierband einfache Schleifen in Orange und Weiß binden (Anleitung Seite 6).

**3** Jeweils zwei Schleifen aufeinander legen und mit Papierkordel an dem Verschlussstäbchen festbinden.

**4** Die Päckchen mit getrockneten Orangenscheiben verzieren.

## Tipp

*Als Verschluss eignen sich besonders gut dünne Äste aus dem Garten, Holzspieße oder Bambusstäbchen.*

# Lavendel-Bänder

## Material

- Geschenkpapier in Blau
- Karte in Blau, 10,5 x 14,8 cm
- Tonkarton in Weiß
- Schleifenband „Lavendel", 4 cm breit
- Satinband in Weiß, Blau, Grün, 3 mm breit
- Lavendelblüten frisch und langstielig

**1** Für das **blaue Päckchen** ein rechteckiges Geschenk in blaues Papier einschlagen (Anleitung Seite 32), mit Schleifenband längs umwickeln und festknoten. Überstehendes Band abschneiden. Nach der Anleitung auf Seite 6 eine einfache Schleife binden. Die Schleife mit blauen und weißen Satinbändern am Knoten befestigen.

**2** Für die **Grußkarte** auf die Vorderseite der Faltkarte weißen Fotokarton, 4,5 x 1,8 cm, fixieren und mit Schleifenband bekleben. Die Endstücke des Bandes oben und unten an der Innenseite der Karte befestigen. Eine kleine einfache Schleife aus blauem und grünem Satinband binden und auf der Karte fixieren.

**3** Für die **Lavendelbündel** jeweils 21 frische Lavendelstiele knapp unter dem Blütenansatz mit Satinband fest zusammenbinden. Die 21 Stängel als Schutzmantel um die Blüten biegen und in 7 Gruppen zu je 3 Stängeln aufteilen. Mit einem Satinband der Abbildung entsprechend durch die 7 Gruppen hindurchweben, bis die Blüten ummantelt sind. Das Satinband zur üppigen Schleife binden und die Stängel gerade schneiden.

## Tipp

*Die Lavendelstiele sollten frisch sein, sonst brechen sie beim Umbiegen.*

# Rosen-Herz

## Material

- Rosen in Rot
- Frauenmantel
- Weidenkorb in Herzform, 15 x 18 cm
- Blumensteckmasse
- Cellophan-Tütchen
- Hanfband in Maigrün
- Schleifenband in Hellgrün, 1 cm breit
- Satinband in Rot, 3 mm breit
- Dünner Draht

**1** Für das **Rosenherz** den Korb mit Blumensteckmasse füllen. Rote Rosen auf entsprechende Länge kürzen und zusammen mit Frauenmantel als Herzmotiv arrangieren. Aus dem Schleifenband eine einfache Flügelschleife (Anleitung unten) anfertigen und mit etwas Draht am Blumenkorb befestigen.

**2** Als Mitbringsel kleine **Cellophan-Tütchen** mit Konfekt füllen und mit einfachen Flügelschleifen aus Satinband oder Schleifenband verschließen.

### Einfache Flügelschleife

**1** Das Schleifenband, etwa 60 – 80 cm lang, kreuzweise so übereinander legen, dass eine Schlaufe entsteht.

**2** Die Schlaufe von der hinteren zur vorderen Mitte zusammenraffen und festhalten. Mit dünnem Draht oder einem Band die Kreuzungsstelle fest umwickeln und verknoten.

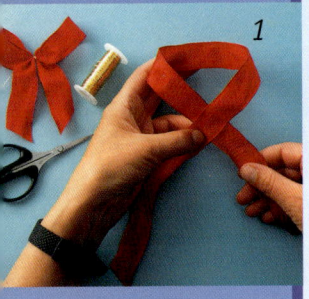

*1*

*2*

## Tipp

*Mit der gleichen Methode lassen sich auch doppelte oder dreifache Schleifen herstellen, indem zwei oder drei Schleifenbänder gleichzeitig verwendet werden.*

# Margeriten &
zarte Bänder

## Material

- Ringkissen
- Kerzenständer
- Margeriten-Pflanze
- Strohseide in Weiß
- Organzaband in Weiß, 2,5 cm
- Satinband in Weiß, 3 mm breit
- Strohseidenband, gekreppt, in Weiß, 10 cm breit
- Papierkordel in Weiß
- Künstliche Margeriten-blüten, 5 cm Ø
- Johanniskrautgirlande
- Dünner Draht
- Nadel und Faden
- Heißkleber

*Anleitung Seite 16*

## Material

- Geschenkpapier in Weiß
- Faltkarten in Naturweiß, Hellgrün, 10,5 x 14,8 cm
- Tonkarton in Weiß
- Schleifenband „Bambus", 4 cm breit
- Taftband in Maigrün, 3,5 cm breit
- Satinband in Dunkelgrün, 3 mm breit
- Bambusstäbe in Grün
- Heißkleber

**1** Für das **Päckchen** ein Geschenk in weißes Papier einschlagen (Anleitung Seite 32) und mit hellgrünem Taftband längs und quer umwickeln. Band verknoten und überstehende Bänder abschneiden. Aus dem grünen und dem gemusterten Band eine doppelte Flügelschleife binden (Anleitung Seite 12). Die Schleife mittig mit dem Satinband am Knoten befestigen. Zusätzlich noch mit grünen Bambusstäben dekorieren.

**2** Auf die **weiße Karte** das grüne Band und das Motiv-Band fixieren, dabei auf der Rückseite der Karte festkleben. Mit einem Satinband die Karte verschließen. Textschnipsel ergänzen. Für die **grüne Karte** Tonkarton, 6 x 14,8 cm, auf die Vorderseite kleben. Darauf das Bambus-Band wie bei der weißen Karte befestigen. Textstreifen anbringen.

## Margeriten & zarte Bänder
### Abbildung & Materialangaben Seite 14/15

Aus weißem Organzaband mehrere einfache und doppelte Flügelschleifen anfertigen sowie eine doppelte mit langen Bändern (Anleitung Seite 12). Margeritenblüten mit Heißkleber in die Mitte der Schleifen setzen. Mit Nadel und Faden die Schleifen und ein aus Johanniskrautranke angefertigtes Kränzchen auf das **Ringkissen** nähen. Eine einfache Satinschleife und die Ringe in die Mitte legen. Die Schleife mit den langen Bändern zusätzlich mit kleinen Kränzchen schmücken. Hierfür die Kränzchen an weiße Satinbänder knoten. Die Satinbänder jeweils an der Schleife festbinden. Weitere Kränzchen an den Organzaschleifen befestigen und als **Kerzenkränze** verwenden. **Blumentopf** in Strohseide einwickeln, aus gekreppter Strohseide eine Flügelschleife binden, mit Blumendraht umwickeln und in die Pflanze setzen. Papierkordel ebenfalls mit Draht in die Pflanze stecken.

# Rosentraum

## Material

- Geschenkpapier mit Rosenblüten
- Organzaband mit Drahtkante in Weiß, 2,5 cm breit
- Organzaband mit Drahtkante in Weiß, Orange, 4 cm breit
- Satinband in Weiß, 3 mm breit
- Frische Rosenblätter
- Rosenstrauß

1 Rechteckige Geschenke in Rosenpapier einschlagen (Anleitung Seite 32). Das **kleine Päckchen** mit dem Oraganzaband einmal umwickeln. Das Band verknoten. Überstehendes Band abschneiden. Eine Pompon-Schleife aus weißem Organzaband herstellen (Anleitung unten). Mit einem schmalen Satinband die Pompon-Schleife an dem Band festbinden und mit einem Rosenblatt unterlegen.

2 Für das **große Päckchen** eine Rosette aus Organzaband formen (Anleitung Seite 22). Um das Päckchen Organzaband legen und eine einfache Schleife binden. Die Rosette auf die Schleife setzen, mit etwas Kantendraht befestigen und mit Rosenblättern verzieren.

3 Aus breitem Organzaband mehrere Flügelschleifen anfertigen (Anleitung Seite 12), diese mit festem Blumendraht umwickeln und in den fertig gebundenen **Blumenstrauß** stecken.

## Pompon-Schleife

1 Das Schleifenband, etwa 1,20 m lang, mehrmals um die Hand wickeln, abstreifen und in der Mitte zusammenhalten. Mit der Schere in der Mitte zwei kleine Einkerbungen einschneiden.

2 Die eingekerbte Mitte mit einem schmalen Band fest zusammenbinden.

3 Die einzelnen Schlaufen so auseinander ziehen, dass ein Pompon entsteht.

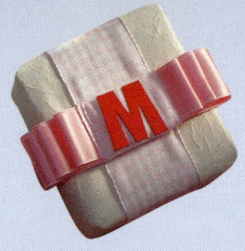

# Zur Geburt

## Material

- Geschenkpapier in Naturweiß, Flieder
- Schleifenband, kariert, in Flieder, Rosa, Hellblau, 5 cm breit
- Satinband:
  - in Weiß, 3 mm breit
  - in Violett, 6 cm breit
  - in Rosa, Hellblau, 4 cm breit
- Holzbuchstaben in verschiedenen Farben
- Briefkuvert in Rosa
- Karte in Weiß, 10,5 x 14,8 cm
- Doppelklebeband

**1** Kariertes Schleifenband längs um das fliederfarbene **Päckchen** (Anleitung Seite 32) legen und mit doppelseitigem Klebeband verschließen. Eine gelegte Faltenschleife anfertigen (Anleitung unten) und diese mittig auf das Schleifenband des Päckchens kleben. Darauf den Anfangsbuchstaben aus Holz oder Karton setzen. Die anderen Päckchen der Abbildung entsprechend mit gelegten Schleifen dekorieren.

**2** Für die **Glückwunschkarte** ein Briefkuvert zukleben, das Kuvert ins Längsformat legen und oben aufschneiden. Zusätzlich in die Vorderseite einen Ausschnitt, 4 x 4 cm, schneiden. Eine weiße Karte beschriften und an der Rückseite aus weißem Satinband eine Schlaufe befestigen. Die Karte der Abbildung entsprechend in das Kuvert schieben. Mit der Schlaufe kann die Karte wieder herausgezogen werden. Das Kuvert mit einer Flügelschleife (Anleitung Seite 12) verzieren.

## Gelegte Faltenschleife

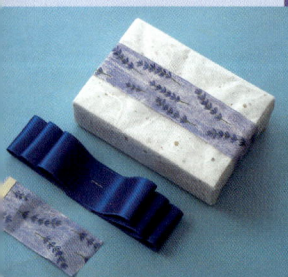

Die Schleife von oben nach unten arbeiten, das heißt, dass das kürzeste Schlaufenpaar oben liegt. Das Band, etwa 1 m lang, am rechten Ende für die 1. Schlaufe etwa 4 cm nach unten einschlagen. Für die 2. Schlaufe das Band 8 cm nach links legen und ebenfalls einschlagen. So das gesamte Band in Schlaufen legen, wobei diese immer etwas größer werden. Das Band in der Mitte mit dem Tucker zusammenheften. Das gleiche oder ein farblich dazu passendes Band um die Mitte legen und auf der Rückseite mit Doppelklebeband befestigen.

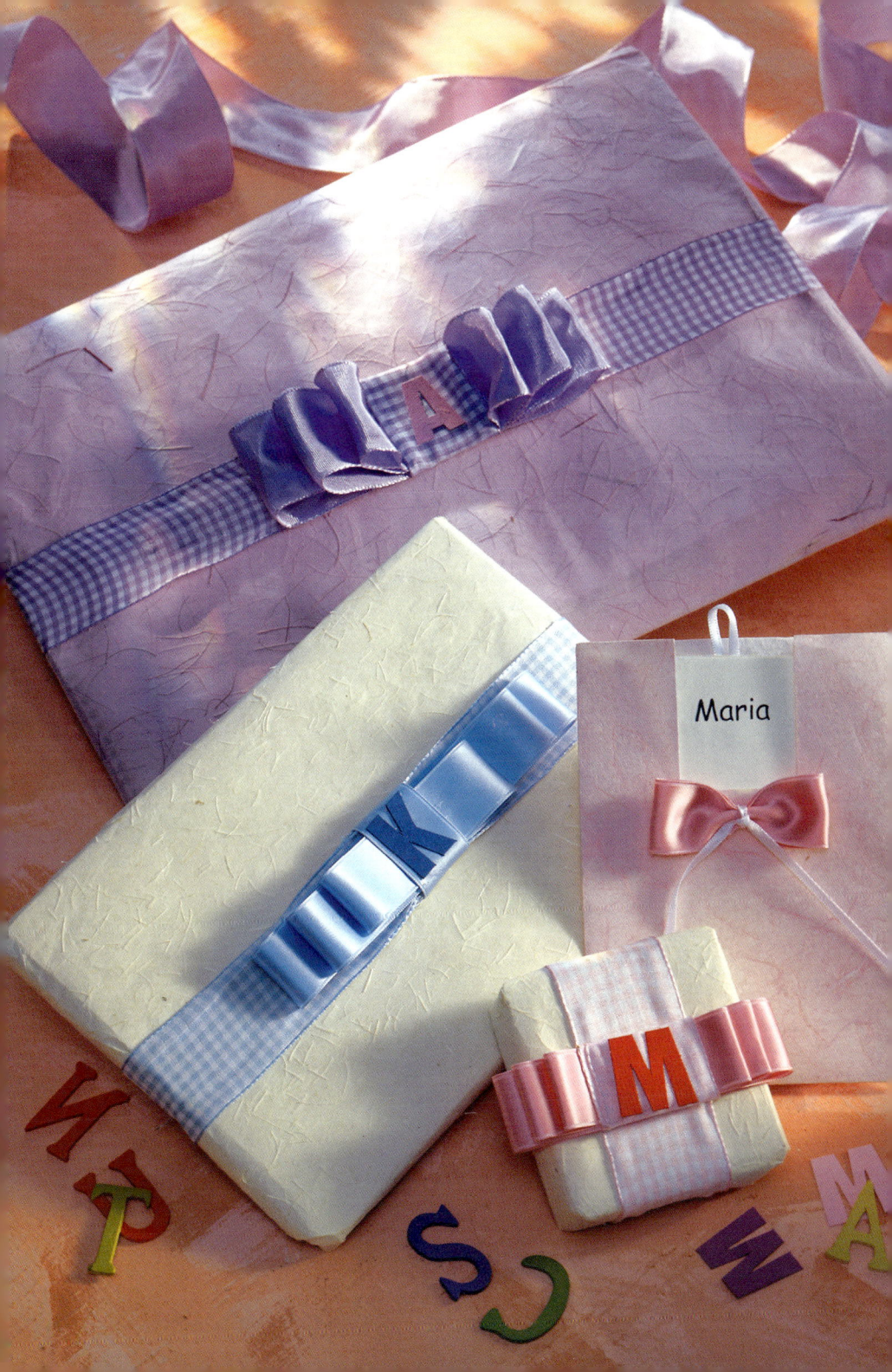

# Bezaubernde Rosetten

## Material

- Strohseide in Pink, Weiß
- Schleifenband, transparent, mit Fäden in Rot/Orange/Lila und Drahtkante, 4 cm breit
- Schleifenband „Rosen", transparent, in Bordeauxrot mit Drahtkante, 4 cm breit

**1** Rechteckige Geschenke jeweils in Strohseide einpacken (Anleitung Seite 32). Schleifenband jeweils längs um das Päckchen legen und auf der Vorderseite mit einem Knoten verschließen. Die Enden etwas länger stehen lassen, nicht zu kurz abschneiden.

**2** Aus dem gleichen Schleifenband eine Rosette formen (Anleitung unten), auf den Knoten des Bandes setzen und mit dem Kantendraht festbinden.

### Rosette aus gedrahtetem Schleifenband

**1** Am Bandende des gedrahteten Schleifenbandes, etwa 1 m lang, einen möglichst knappen Knoten machen.

**2** Am anderen Ende den Kantendraht anziehen und das Band über die ganze Länge raffen.

**3** Um das verknotete Ende, das nach unten zeigt, die geraffte Kante spiralförmig wickeln. Den überstehenden Draht zum Befestigen mehrmals um den Knoten wickeln und abschneiden.

# Edel & festlich

## Material

### Serviettenstapel

- Schleifenband, transparent, mit Fäden in Rot/Orange/Lila und Drahtkante, 4 cm breit
- Satinband in Bordeauxrot, 4 cm breit
- Doppelklebeband

### Serviette

- Schleifenband „Rosen", transparent, in Bordeauxrot mit Drahtkante, 4 cm breit
- Satinband in Bordeauxrot, 4 cm breit
- Doppelklebeband

### Glas

- Organzaband in Weiß, 2,5 cm breit
- Strohseidenband, gekreppt, in Pink, 10 cm breit
- Satinband in Weiß, 3 mm breit
- Dünner Draht

**1** Für den **Serviettenstapel** transparentes Schleifenband kreuzweise um den Stapel legen und mit Doppelklebeband verschließen. Aus dem Satinband eine gelegte Faltenschleife anfertigen (Anleitung Seite 20) und mit etwas Klebstoff mittig auf das Päckchen setzen.

**2** Für die **Serviette** eine große, einfache Schleife aus Satinband um die Stoffserviette binden (Anleitung Seite 6). Aus einem farblich dazu passenden Schleifenband mit Drahtkante eine Rosette (Anleitung Seite 22) formen und in der Mitte der gebundenen Schleife befestigen.

**3** Für das **Glas** aus gekreppter Strohseide eine Flügelschleife (Anleitung Seite 12), aus weißem Organzaband eine einfache Schleife (Anleitung Seite 6) anfertigen. Die Organzaschleife auf die rote Schleife legen, mit dünnem Draht zusammenbinden und mit weißem Satinband am Glas festknoten, eventuell mit Doppelklebeband fixieren.

# Roter Mohn

## Material

- Naturpapier in Weiß, Orange
- Satinband in Weiß, 2 cm breit
- Satinband in Weiß, Rot, 3 mm breit
- Schleifenband mit Mohnblüten, 4 cm breit
- Strohseidenband in Weiß, 10 cm breit
- Gräser zum Dekorieren

Für das **weiße Päckchen** von dem breiten Satinband 3 Reihen um das in weißes Naturpapier eingewickelte Päckchen (Anleitung Seite 32) legen und mit Doppelklebeband auf der Rückseite befestigen. Für das **Päckchen in Orange** einen weißen Streifen Strohseide und rotes Satinband verwenden. Aus dem Schleifenband mit Mohnblüten zwei gekreuzte Schleifen binden (Anleitung unten) und jeweils auf einem Päckchen befestigen. Mit Gräsern dekorieren.

## Gekreuzte Schleife

**1** Ein etwa 40 cm langes Band zur einfachen Schlaufe sowie ein 60 cm langes Band in vier aufeinander liegende Schlaufen legen.

**2** Die Schlaufen so legen, dass ein Kreuz entsteht. Das schmale weiße Satinband unter der Längsschlaufe hindurchführen und im Mittelpunkt der Vorderseite überkreuzen.

**3** Die Enden des Bandes auf die Rückseite führen, fest anziehen, raffen und verknoten. Die Schlaufen auffächern.

# Feierlich & elegant

## Material

- Strohseide in Blau-Weiß
- Faltkarte in Weiß, 10,5 x 14,8 cm
- Satinband in Weiß, Blau, 4 cm breit
- Organzaband in Weiß, 2,5 cm breit
- Johanniskrautranke
- Papierröschen in Weiß
- Bambusstäbchen
- Dünner Draht
- Doppelklebeband

**1** Für das **große Päckchen** ein Geschenk in Strohseide einschlagen (Anleitung Seite 32). Weißes Organzaband längs um das Paket legen und verknoten. Überstehendes Band abschneiden. Aus blauem Satinband eine einfache Flügelschleife und aus weißem Organzaband eine doppelte Flügelschleife binden (Anleitung Seite 12). Ein Kränzchen von 4 – 5 cm Durchmesser aus der Johanniskrautranke anfertigen. Die blaue und weiße Schleife aufeinander setzen, das Kränzchen darüber legen und das gesamte Arrangement mit einem kleinen Bambusstäbchen auf dem verknoteten Organzaband feststecken. Mit einem Röschen verzieren.

**2** Das **kleine Päckchen** mit einem blauen Satinband längs verschließen. Eine gelegte Faltenschleife aus blauem Satinband herstellen (Anleitung Seite 20) und mit Doppelklebeband auf das Päckchen kleben. Zusätzlich noch mit einem kleinen Kränzchen und Röschen verzieren.

**3** Für die **Karte** blaues Satinband um eine weiße Faltkarte legen und mit Doppelklebeband befestigen. Aus Organzaband eine kleine weiße Flügelschleife (Anleitung Seite 12) binden und diese – wie oben beschrieben – zusammen mit einem Kränzchen auf das Band stecken. Röschen ergänzen.

## Tipp

*Kränzchen und Blüten können auch aus Naturmaterial wie Efeu, Buchsbaum oder Schleierkraut reizvoll gestaltet werden.*

# Schleifen für Flaschen

## Material

- Naturpapiere in Natur, Gelb, Orange
- Schleifenband „Roter Mohn", „Bambus", „Sonnenblumen", 4 cm breit
- Satinband in Weiß, 5 mm breit
- Heißkleber
- Doppelklebeband

**1** Für die **Flasche mit Bambus-Schleife** die Flasche in Naturpapier einschlagen. Das Bambusband spiralförmig um die Flasche wickeln und verknoten. Aus dem gleichen Band eine gekreuzte Schleife anfertigen (Anleitung Seite 26) und im oberen Drittel mit Satinband festbinden. Die Schleifen auffächern und die Bandenden schräg zuschneiden. Mit Gräsern verzieren.

**2** Für die **Flasche mit Mohn-Schleifen** die Flasche in Naturpapier in Orange einschlagen. Aus Schleifenband mit Mohnmotiv drei einfache Schleifen binden (Anleitung Seite 6). Mit Heißkleber oder Doppelklebeband auf der Verpackung befestigen und mit Gräsern verzieren.

**3** Für die **Flasche mit Sonnenblumen-Schleife** die Flasche in gelbes Naturpapier einwickeln. Das Sonnenblumenband der Länge nach auf der Verpackung befestigen. Aus dem gleichen Band eine gekreuzte Schleife anfertigen (Anleitung Seite 26) und im oberen Drittel mit Satinband fixieren. Schlaufen auffächern und die Bandenden schräg zuschneiden.

# Impressum

© 2003
Christophorus Verlag GmbH
Freiburg im Breisgau
Alle Rechte vorbehalten –
Printed in Germany
ISBN 3-419-56513-5

**Lektorat:**
Gisa Windhüfel, Freiburg

**Styling und Fotos:**
Roland Krieg, Waldkirch

**Layoutentwurf:**
Network!, München

**Coverrealisierung:**
Carsten Schorn, Freiburg

**Produktion:**
smp, Freiburg

**Satz:**
Gisa Bonfig, Freiburg

**Druck:**
Freiburger Graphische Betriebe

Wir sind für Sie da, wenn
Sie Fragen haben.
Und wir interessieren uns
für Ihre eigenen Ideen und
Anregungen.
Schreiben Sie uns, wir hören
gern von Ihnen!
Ihr Christophorus-Team

Christophorus-Verlag GmbH
Hermann-Herder-Str. 4
79104 Freiburg
Tel.: 0761/2717-0
Fax: 0761/2717-352
e-mail:
info@christophorus-verlag.de

www.christophorus-verlag.de

# „Geschenke einpacken"

**1.**

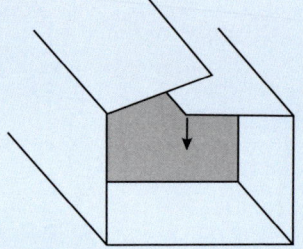

**2.**

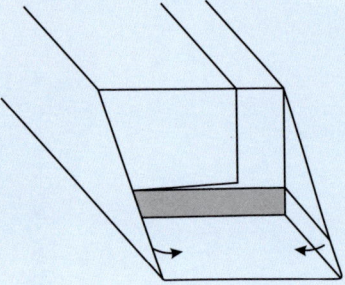

**3.**

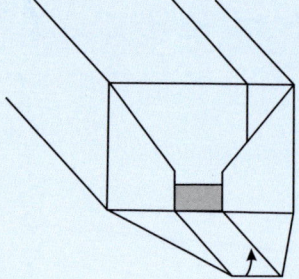